NECROPOLÍTICA

NECROPOLÍTICA

Biopoder, soberania, estado de exceção,
política da morte
Achille Mbembe

© n-1 edições, 2018

Publicado pela primeira vez em inglês como "Necropolitics", com tradução do lamba por Libby Meintjes, in *Public Culture*, vol. 15, n.1, inverno de 2003, pp 11-40. No Brasil, saiu na revista *Arte & Ensaios*, do Programa de Pós-Graduação em Artes Visuais da Escola de Belas Artes da UFRJ, traduzido por Renata Santini. Agradecemos a autorização da revista e da tradutora para a presente publicação.

Embora adote a maioria dos usos editoriais do âmbito brasileiro, a n-1 edições não segue necessariamente as convenções das instituições normativas, pois considera a edição um trabalho de criação que deve interagir com a pluralidade de linguagens e a especificidade de cada obra publicada.

COORDENAÇÃO EDITORIAL Peter Pál Pelbart e
　Ricardo Muniz Fernandes
PROJETO GRÁFICO Érico Peretta
TRADUÇÃO Renata Santini
REVISÃO TÉCNICA Cezar Bartholomeu
PREPARAÇÃO Mariana Delfini

A reprodução parcial sem fins lucrativos deste livro, para uso privado ou coletivo, em qualquer meio, está autorizada, desde que citada a fonte. Se for necessária a reprodução na íntegra, solicita-se entrar em contato com os editores.

14ª reimpressão | Impresso em São Paulo | Fevereiro, 2025

n-1edicoes.org

Achille Mbembe

NECROPOLÍTICA

Biopoder, soberania,
estado de exceção,
política da morte

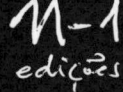

Wa syo'lukasa pebwe
Umwime wa pita
[Ele deixou sua pegada na pedra
Ele mesmo seguiu]
Provérbio Lamba, Zâmbia

Este ensaio pressupõe que a expressão máxima da soberania reside, em grande medida, no poder e na capacidade de ditar quem pode viver e quem deve morrer. Por isso, matar ou deixar viver constituem os limites da soberania, seus atributos fundamentais. Ser soberano é exercer controle sobre a mortalidade e definir a vida como a implantação e manifestação de poder.

Pode-se resumir nos termos acima o que Michel Foucault entende por biopoder: aquele domínio da vida sobre o qual o poder estabeleceu o controle.[1] Mas sob quais condições práticas se exerce o poder de matar, deixar viver ou expor à morte? Quem é o sujeito dessa lei? O que a implementação de tal direito nos diz sobre a pessoa que é, portanto, condenada à morte e sobre a relação que opõe essa pessoa a seu ou sua assassino/a? Essa noção de biopoder é suficiente para contabilizar as formas contemporâneas em que o político, por meio da guerra, da resistência ou da luta contra o terror, faz do assassinato do inimigo seu objetivo primeiro e absoluto? A guerra, afinal, é tanto um meio de alcançar a soberania como uma forma de exercer o direito de matar. Se consideramos a política uma forma de guerra,

---

1. Michel Foucault, *"Il Faut Défendre la Société": Cours au Collège de France, 1975-1976*. Paris: Seuil, 1997, pp. 213-234. Este ensaio se distancia das análises tradicionais sobre a soberania encontrados na disciplina de Ciências Políticas e em sua subdisciplina, a de Relações Internacionais. Em sua maioria, situam a soberania dentro dos limites do Estado-nação, das instituições habilitadas pela autoridade do Estado ou em redes e instituições supranacionais. Ver, por exemplo, "Soberania no milênio", edição especial de Estudos políticos, 47, 1999. Minha abordagem é baseada na crítica de Michel Foucault à noção de soberania e sua relação com a guerra e o biopoder em "Il faut défendre la société": Cours au Collège de France, 1975-1976. Paris: Seuil, 1997: 37-55, 75-100, 125-148, 213-244. Ver ainda Giorgio Agamben. *Homo sacer. Le pouvoir souverain et la vie nue*. Paris: Seuil, 1997: 23-80.

devemos perguntar: que lugar é dado à vida, à morte e ao corpo humano (em especial o corpo ferido ou massacrado)? Como eles estão inscritos na ordem do poder?

POLÍTICA, O TRABALHO DA MORTE E O "DEVIR SUJEITO"

A fim de responder a essas perguntas, este ensaio baseia-se no conceito de biopoder e explora sua relação com as noções de soberania (*imperium*) e estado de exceção.[2] Tal análise suscita uma série de perguntas empíricas e filosóficas, que eu gostaria de examinar brevemente. Como se sabe, o conceito de estado de exceção tem sido frequentemente discutido em relação ao nazismo, ao totalitarismo e aos campos de concentração/ extermínio. Os campos da morte em particular têm sido interpretados de diversas maneiras, como a metáfora central para a violência soberana e destrutiva e como o último sinal do poder absoluto do negativo. Como diz Hannah Arendt: "Não há paralelos à vida nos campos de concentração. O seu horror não pode ser inteiramente alcançado pela

---

[2]. Sobre o estado de exceção, ver Carl Schmitt, *La Dictature*. Paris: Seuil, 2000, pp. 210-228, 235-236, 250-251, 255-256; id., *La Notion de politique. Théorie du partisan*. Paris: Flammarion, 1992.

imaginação justamente por situar-se fora da vida e da morte".[3] Em razão de seus ocupantes serem desprovidos de estatuto político e reduzidos a seus corpos biológicos, o campo é, para Giorgio Agamben, "o lugar no qual se realizou a mais absoluta *condicio inhumana* que já se deu sobre a terra".[4] Na estrutura político-jurídica do campo, acrescenta, o estado de exceção deixa de ser uma suspensão temporal do estado de direito. De acordo com Agamben, ele adquire um arranjo espacial permanente, que se mantém continuamente fora do estado normal da lei.

O objetivo deste ensaio não é debater a singularidade do extermínio dos judeus ou tomá-lo como exemplo.[5] Inicio a partir da ideia de que a modernidade esteve na origem de vários conceitos de soberania – e, portanto, da biopolítica. Desconsiderando essa multiplicidade, a crítica política contemporânea

---

3. Hannah Arendt, *Origens do totalitarismo*, trad. Roberto Raposo. São Paulo: Companhia das Letras, 2012, p. 589.
4. Giorgio Agamben, *Meios sem fim: Notas sobre a política*, trad. bras. Davi Pessoa Carneiro. Belo Horizonte: Autêntica, p. 41.
5. Sobre esses debates, ver Saul Friedlander (org.), *Probing the Limits of Representation: Nazism and the "Final Solution"*. Cambridge: Harvard University Press, 1992; e, mais recentemente, Bertrand Ogilvie, "Comparer l'incomparable". *Multitudes*, n. 7, 2001, pp. 130-166.

infelizmente privilegiou as teorias normativas da democracia e tornou o conceito de razão um dos elementos mais importantes tanto do projeto de modernidade quanto do território da soberania.[6] A partir dessa perspectiva, a expressão máxima da soberania é a produção de normas gerais por um corpo (povo) composto por homens e mulheres livres e iguais. Esses homens e mulheres são considerados sujeitos completos, capazes de autoconhecimento, autoconsciência e autorrepresentação. A política, portanto, é definida duplamente: um projeto de autonomia e a realização de acordo em uma coletividade mediante comunicação e reconhecimento. É isso, dizem-nos, que a diferencia da guerra.[7]

Em outras palavras, é com base em uma distinção entre razão e desrazão (paixão, fantasia) que a crítica contemporânea foi capaz de articular uma certa ideia de política, comunidade, sujeito – ou, mais fundamentalmente, do que abarca uma vida plena, de como

---

6. Ver James Bohman e William Rehg (orgs.), *Deliberative Democracy: Essays on Reason and Politics*. Cambridge: MIT Press, 1997; Jürgen Habermas, *Between Facts and Norms*. Cambridge: MIT Press, 1996.

7. James Schmidt (org.), *What Is Enlightenment? Eighteenth-Century Answers and Twentieth-Century Questions*. Berkeley: University of California Press, 1996.

alcançá-la e, nesse processo, tornar-se agente plenamente moral. Nesse paradigma, a razão é a verdade do sujeito, e a política é o exercício da razão na esfera pública. O exercício da razão equivale ao exercício da liberdade, um elemento-chave para a autonomia individual. Nesse caso, o romance da soberania baseia-se na crença de que o sujeito é o principal autor controlador do seu próprio significado. Soberania é, portanto, definida como um duplo processo de "autoinstituição" e "autolimitação" (fixando em si os próprios limites para si mesmo). O exercício da soberania, por sua vez, consiste na capacidade da sociedade para a autocriação pelo recurso às instituições inspirado por significações específicas sociais e imaginárias.[8]

Essa leitura fortemente normativa da política de soberania foi objeto de inúmeras críticas, que não revisitarei aqui.[9] Minha preocupação é com aquelas formas de soberania cujo projeto central não é a luta pela autonomia, mas "a instrumentalização generalizada da existência humana e a destruição material de corpos

---

8. Cornelius Castoriadis, *A instituição imaginária da sociedade*, trad. bras. Guy Reynaud. Rio de Janeiro: Paz e Terra, 1982 e *Figuras do pensável*, trad. bras. Eliana Aguiar. Rio de Janeiro: Civilização Brasileira, 2004.
9. Ver, em particular, Paul Gilroy, *O Atlântico negro*, trad. bras. Cid Knipel Moreira. São Paulo: Ed. 34, 2001, especialmente o cap. 2.

humanos e populações". Tais formas da soberania estão longe de ser um pedaço de insanidade prodigiosa ou uma expressão de alguma ruptura entre os impulsos e interesses do corpo e da mente. De fato, tal como os campos da morte, são elas que constituem o *nomos* do espaço político em que ainda vivemos. Além disso, experiências contemporâneas de destruição humana sugerem que é possível desenvolver uma leitura da política, da soberania e do sujeito, diferente daquela que herdamos do discurso filosófico da modernidade. Em vez de considerar a razão a verdade do sujeito, podemos olhar para outras categorias fundadoras menos abstratas e mais palpáveis, tais como a vida e a morte.

Pertinente a um projeto como esse é a discussão de Hegel sobre a relação entre a morte e o "devir sujeito". A concepção da morte, para Hegel, está centrada em um conceito bipartido de negatividade. Primeiro, o ser humano nega a natureza (negação exteriorizada no seu esforço para reduzir a natureza a suas próprias necessidades); e, em segundo lugar, ele ou ela transforma o elemento negado por meio de trabalho e luta. Ao transformar a natureza, o ser humano cria um mundo; mas no processo, ele ou ela fica exposto(a) a sua própria negatividade. Sob o paradigma hegeliano, a morte humana é essencialmente voluntária. É o resultado de riscos conscientemente assumidos pelo sujeito. De acordo com Hegel, nesses riscos o "animal" que constitui o ser natural do indivíduo é derrotado.

Em outras palavras, o ser humano verdadeiramente "torna-se um sujeito" – ou seja, separado do animal – na luta e no trabalho pelos quais ele ou ela enfrenta a morte (entendida como a violência da negatividade). É por meio desse confronto com a morte que ele ou ela é lançado(a) no movimento incessante da história. Tornar-se sujeito, portanto, supõe sustentar o trabalho da morte. Sustentar o trabalho da morte é precisamente como Hegel define a vida do espírito. A vida do espírito, ele diz, não é aquela vida que tem medo da morte e se poupa da destruição, mas aquela que pressupõe a morte e vive com isso. O espírito só alcança sua verdade quando descobre em si o desmembramento absoluto.[10] A política é, portanto, a morte

---

10. G. W. F. Hegel, *Fenomenologia do espírito*, trad. Paulo Meneses, com a colaboração de Karl-Heinz Efken e José Nogueira Machado. Petrópolis/ Bragança Paulista: Vozes/ USF, 2002. Ver também a crítica por Alexandre Kojève, *Introduction à la lecture de Hegel*. Paris: Gallimard, 1947, especialmente o apêndice II, "L'Idée de la mort dans la philosophie de Hegel"; e Georges Bataille, *Oeuvres complètes XII*. Paris: Gallimard, 1988, especialmente "Hegel, la Mort et le sacrifice" (pp. 326-348) e "Hegel, l'Homme et l'histoire" (pp. 349-369).

que vive uma vida humana. Essa também é a definição de conhecimento absoluto e soberania: arriscar a totalidade de uma vida.

Georges Bataille também oferece compreensões críticas sobre como a morte estrutura a ideia de soberania, política e sujeito. Bataille desloca a concepção de Hegel das ligações entre morte, soberania e sujeito de pelo menos três maneiras. Primeiro, ele interpreta a morte e a soberania como o paroxismo de troca e superabundância – ou, para usar sua própria terminologia, "excesso". Para Bataille, a vida é falha apenas quando a morte a toma como refém. A vida em si só existe em espasmos e no confronto com a morte.[11] Ele argumenta que a morte é a putrefação da vida, o fedor que é, ao mesmo tempo, sua fonte e condição repulsiva. Portanto, embora destrua o que era para ser, apague o que supostamente continuaria a ser e reduza a nada o indivíduo, a morte não se limita ao puro aniquilamento do ser. Pelo contrário, é essencialmente autoconsciência; além disso, é a forma mais luxuosa da vida, ou seja, de efusão e exuberância: um poder

---

11. Ver Jean Baudrillard, "Death in Bataille", in Fred Botting e Scott Wilson (orgs.), *Bataille: A Critical Reader*. Oxford: Blackwell, 1998, especialmente pp. 139-141.

de proliferação. Ainda mais radicalmente, Bataille retira a morte do horizonte da significação. Isso está em contraste com Hegel, para quem nada se encontra definitivamente perdido na morte; de fato, a morte é vista como detentora de grande significação, como um meio para a verdade.

Em segundo lugar, Bataille firmemente ancora a morte no reino do dispêndio "absoluto" (a outra característica da soberania), enquanto Hegel tenta manter a morte dentro da economia do conhecimento absoluto e da significação. A vida além da utilidade, diz Bataille, é o domínio da soberania. Sendo esse o caso, a morte é o ponto no qual destruição, supressão e sacrifício constituem um dispêndio tão irreversível e radical – e sem reservas – que já não podem ser determinados como negatividade. A morte é o próprio princípio do excesso – uma "antieconomia". Daí a metáfora do luxo e do "caráter luxuoso da morte".

Em terceiro lugar, Bataille estabelece uma correlação entre morte, soberania e sexualidade. A sexualidade está completamente associada à violência e à dissolução dos limites de si e do corpo por meio de impulsos orgíacos e excrementais. Como tal, a sexualidade diz respeito a duas formas principais de impulsos humanos polarizados – excreção e apropriação –, bem como o regime dos tabus em torno deles.[12] A verdade do sexo e seus atributos mortais residem na experiência da perda das fronteiras que separam realidade, acontecimentos e objetos fantasiados.

Para Bataille, a soberania tem muitas configurações. Mas, em última análise, é a recusa em aceitar os limites a que o medo da morte teria submetido o sujeito. O mundo da soberania, Bataille argumenta, "é o mundo no qual o limite da morte foi abandonado. A morte está presente nele, sua presença define esse mundo de violência, mas, enquanto a morte está presente, está sempre lá apenas para ser negada, nunca para nada além disso. O soberano", conclui, "é ele quem é, como se a morte não fosse... Não respeita os limites de identidade mais do que respeita os da morte, ou, ainda, esses limites são os mesmos; ele é a transgressão de todos esses limites". Uma vez que o domínio natural de proibições inclui a morte, entre outras (por exemplo, sexualidade, sujeira, excrementos), a soberania exige que "a força para violar a proibição de matar, embora verdadeira, estará sob condições que o costume define". E, ao contrário da subordinação, sempre enraizada na

---

12. Georges Bataille, *Visions of Excess: Selected Writings, 1927-1939*, trad. A. Stoekl. Minneapolis: University of Minnesota Press, 1985, pp. 94-95.

alegada necessidade de evitar a morte, a soberania definitivamente demanda o risco de morte.[13]

Ao tratar a soberania como a violação de proibições, Bataille reabre a questão dos limites da política. Política, nesse caso, não é o avanço de um movimento dialético da razão. A política só pode ser traçada como uma transgressão em espiral, como aquela diferença que desorienta a própria ideia do limite. Mais especificamente, a política é a diferença colocada em jogo pela violação de um tabu.[14]

O BIOPODER E A RELAÇÃO DE INIMIZADE

Após apresentar uma leitura da política como o trabalho da morte, tratarei agora da soberania, expressa predominantemente como o direito de matar. Em minha argumentação, relaciono a noção de biopoder de Foucault a dois outros conceitos: o estado de exceção e o

---

13. Fred Botting e Scott Wilson (orgs.), *The Bataille Reader*. Oxford: Blackwell, 1997, pp. 318-319. Ver também Georges Bataille, *The Accursed Share: An Essay on General Economy, v. 1, Consumption*, trad. Robert Hurley. Nova York: Zone, 1988; e *O erotismo*, trad. bras. Fernando Scheibe. Belo Horizonte: Autêntica, 2013.
14. Georges Bataille, *The Accursed Share: An Essay on General Economy, v. 2, The History of Eroticism, v. 3, Sovereignty*, trad. Robert Hurley. Nova York: Zone, 1993.

estado de sítio.[15] Examino essas trajetórias pelas quais o estado de exceção e a relação de inimizade tornaram-se a base normativa do direito de matar. Em tais instâncias, o poder (e não necessariamente o poder estatal) continuamente se refere e apela à exceção, à emergência e a uma noção ficcional do inimigo. Ele também trabalha para produzir a mesma exceção, emergência e inimigo ficcional. Em outras palavras, a questão é: qual é, nesses sistemas, a relação entre política e morte que só pode funcionar em um estado de emergência? Na formulação de Foucault, o biopoder parece funcionar mediante a divisão entre as pessoas que devem viver e as que devem morrer. Operando com base em uma divisão entre os vivos e os mortos, tal poder se define em relação a um campo biológico – do qual toma o controle e no qual se inscreve. Esse controle pressupõe a distribuição da espécie humana em grupos, a subdivisão da população em subgrupos e o estabelecimento de uma cesura biológica entre uns e outros. Isso é o que Foucault rotula com o termo (aparentemente familiar) "racismo".[16]

Que a "raça" (ou, na verdade, o "racismo") tenha um lugar proeminente na racionalidade própria do

---

15. Sobre o estado de sítio, ver C. Schmitt, *La Dictature*, op. cit., cap. 6.
16. Ver M. Foucault, *"Il Faut Défendre la Société"*, op. cit., pp. 57-74.

biopoder é inteiramente justificável. Afinal de contas, mais do que o pensamento de classe (a ideologia que define história como uma luta econômica de classes), a raça foi a sombra sempre presente no pensamento e na prática das políticas do Ocidente, especialmente quando se trata de imaginar a desumanidade de povos estrangeiros – ou a dominação a ser exercida sobre eles. Referindo-se tanto a essa presença atemporal como ao caráter espectral do mundo da raça como um todo, Arendt localiza suas raízes na experiência demolidora da alteridade e sugere que a política da raça, em última análise, está relacionada com a política da morte.[17] Com efeito, em termos foucaultianos, racismo é acima de tudo uma tecnologia destinada a permitir o exercício do biopoder, "este velho direito soberano de matar".[18] Na economia do biopoder, a função do racismo é regular a distribuição da morte e tornar possíveis as funções assassinas do Estado. Segundo Foucault, essa é "a condição para a aceitabilidade do fazer morrer".[19]

---

17. "A raça é, do ponto de vista político, não o começo da humanidade mas o seu fim [...] não o nascimento natural do homem mas a sua morte antinatural." H. Arendt, *Origens do totalitarismo*, op. cit., p. 232.
18. Ver M. Foucault, *"Il Faut Défendre la Société"* op. cit., p. 214.
19. Id., ib., p. 228.

Foucault afirma claramente que o direito soberano de matar (*droit de glaive*) e os mecanismos de biopoder estão inscritos na forma em que funcionam todos os Estados modernos;[20] de fato, eles podem ser vistos como elementos constitutivos do poder do Estado na modernidade. Segundo Foucault, o Estado nazista foi o mais completo exemplo de um Estado exercendo o direito de matar. Esse Estado, ele afirma, tornou a gestão, a proteção e o cultivo de vida coextensivos ao direito soberano de matar. Por uma extrapolação biológica do tema do inimigo político, organizando a guerra contra os seus adversários e, ao mesmo tempo, expondo seus próprios cidadãos à guerra, o Estado nazi é visto como aquele que abriu caminho para uma tremenda consolidação do direito de matar, que culminou no projeto da "solução final". Ao fazê-lo, tornou-se o arquétipo de uma formação de poder que combinava as características de Estado racista, Estado assassino e Estado suicidário.

Já se argumentou que a fusão completa de guerra e política (racismo, homicídio e suicídio), até o ponto de se tornarem indistinguíveis uns dos outros, é algo exclusivo ao Estado nazista. A percepção da existência

20. Id., ib., pp. 227-232.

do Outro como um atentado contra minha vida, como uma ameaça mortal ou perigo absoluto, cuja eliminação biofísica reforçaria meu potencial de vida e segurança, é este, penso eu, um dos muitos imaginários de soberania, característico tanto da primeira quanto da última modernidade. O reconhecimento dessa percepção sustenta em larga medida várias das críticas mais tradicionais da modernidade, seja quando se dirigem ao niilismo e à proclamação da vontade de poder como a essência do ser, seja à reificação, entendida como o "devir-objeto" do ser humano; ou ainda à subordinação de tudo à lógica impessoal e ao reino da racionalidade instrumental.[21] De um ponto de vista antropológico, o que essas críticas contestam implicitamente é uma definição do político como relação bélica por excelência. Também desafiam a ideia de que, necessariamente, a racionalidade da vida passe pela morte do outro; ou que a soberania consiste na vontade e capacidade de matar a fim de viver.

A partir de uma perspectiva histórica, muitos analistas afirmaram que as premissas materiais do

---

21. Ver Jürgen Habermas, *O discurso filosófico da modernidade: Doze lições*, trad. Luiz Sértgio Repa e Rodnei Nascimento. São Paulo : Martins Fontes, 2000, especialmente cap. 3, 5 e 6.

extermínio nazista podem ser encontradas no imperialismo colonial, por um lado, e, por outro, na serialização de mecanismos técnicos para conduzir as pessoas à morte – mecanismos desenvolvidos entre a Revolução Industrial e a Primeira Guerra Mundial. Segundo Enzo Traverso, as câmaras de gás e os fornos foram o ponto culminante de um longo processo de desumanização e de industrialização da morte, sendo uma de suas características originais a de articular a racionalidade instrumental e a racionalidade produtiva e administrativa do mundo ocidental moderno (a fábrica, a burocracia, a prisão, o exército). Mecanizada, a execução em série transformou-se em um procedimento puramente técnico, impessoal, silencioso e rápido. Esse processo foi, em parte, facilitado pelos estereótipos racistas e pelo florescimento de um racismo de classe que, ao traduzir os conflitos sociais do mundo industrial em termos racistas, acabou comparando as classes trabalhadoras e o "povo apátrida" do mundo industrial aos "selvagens" do mundo colonial.[22]

Na realidade, a ligação entre a modernidade e o terror provem de várias fontes. Algumas são identificáveis

---

22. Enzo Traverso, *La Violence nazie: Une généalogie européenne*. Paris: La Fabrique Editions, 2002.

nas práticas políticas do Antigo Regime. Nessa perspectiva, a tensão entre a paixão do público por sangue e as noções de justiça e vingança é crucial. Foucault demonstra em *Vigiar e punir* como a execução do presumido regicida Damiens durou horas, sobretudo para a satisfação da multidão.[23] É bem conhecida a longa procissão dos condenados pelas ruas antes da execução, o desfile de partes do corpo – ritual que se tornou uma característica-padrão de violência popular – e a exibição de uma cabeça cortada numa estaca. Na França, o advento da guilhotina marca uma nova fase na "democratização" dos meios de eliminação dos inimigos do Estado. Com efeito, essa forma de execução que era até então prerrogativa da nobreza é estendida a todos os cidadãos. Em um contexto em que a decapitação é vista como menos humilhante do que o enforcamento, inovações nas tecnologias de assassinato visam não só "civilizar" as maneiras de matar, mas também eliminar um grande número de vítimas em um espaço relativamente curto de tempo. Ao mesmo tempo, uma nova sensibilidade cultural emerge, na qual matar o inimigo do Estado é um prolongamento

---

23. Michel Foucault, *Vigiar e punir: Nascimento da prisão*, trad. Raquel Ramalhete. Petrópolis: Vozes, 1987.

do jogo. Aparecem formas de crueldade mais íntimas, sinistras e lentas.

Não obstante, em nenhum momento se manifestou tão claramente a fusão da razão com o terror como durante a Revolução Francesa.[24] Nesse período, o terror é erigido a um componente quase necessária do político. Postula-se uma transparência absoluta entre o Estado e o povo. "O povo" é gradualmente deslocado, enquanto categoria política, da realidade concreta à figura retórica. Como David Bates mostrou, os teóricos do terror acreditam ser possível distinguir entre autênticas expressões da soberania e as ações do inimigo. Eles também acreditam que é possível distinguir entre o "erro" do cidadão e o "crime" do contrarrevolucionário na esfera política. Assim, o terror se converte numa forma de marcar a aberração no corpo político, e a política é lida tanto como a força móvel da razão quanto como a tentativa errática de criar um espaço em que o "erro" seria minimizado, a verdade, reforçada, e o inimigo, eliminado.[25]

---

24. Ver Robert Wokler, "Contextualizing Hegel's phenomenology of the French Revolution and the Terror". *Political Theory*, n. 26, 1998, pp. 33-55.
25. David W. Bates, *Enlightenment Aberrations: Error and Revolution in France*. Ithaca: Cornell University Press, 2002, cap. 6.

Em última instância, o terror não está ligado exclusivamente à utópica crença no poder irrestrito da razão humana. Também está claramente relacionado a várias narrativas sobre a dominação e a emancipação, apoiadas majoritariamente em concepções sobre a verdade e o erro, o "real" e o simbólico herdados do Iluminismo. Marx, por exemplo, confunde o trabalho (o ciclo interminável de produção e consumo necessário à manutenção da vida humana) com a obra (criação de artefatos duráveis que se somam ao mundo das coisas). O trabalho é concebido como o vetor de autocriação histórica do gênero humano.

Essa autocriação histórica da humanidade é em si uma espécie de conflito entre a vida e a morte, ou seja, um conflito sobre os caminhos que levam à verdade da História: a superação do capitalismo e da forma mercadoria e das contradições associadas a ambas. De acordo com Marx, com o advento do comunismo e a abolição das relações de troca as coisas aparecerão como elas realmente são; o "real" se apresentará tal como ele é verdadeiramente, e a distinção entre sujeito e objeto ou entre o ser e a consciência será superada.[26]

---

26. Karl Marx, *Capital: A Critique of Political Economy*, v. 3. Londres: Lawrence & Wishart, 1984, p. 817. Ver também *Capital...*, v. 1, trad. Ben

Todavia, fazendo com que a emancipação humana dependa da supressão da produção de mercadoria, Marx atenua as distinções essenciais entre o campo cultural da liberdade construído pelo homem, o reino da necessidade, determinado pela natureza, e o contingente na história.

O compromisso com a eliminação da produção de mercadoria e o sonho de acesso direto e sem intermediação ao "real" – o cumprimento da chamada lógica da história e a fabricação da humanidade – tornam esses processos quase necessariamente violentos. Como o mostrou Stephen Louw, os pressupostos centrais do marxismo clássico não deixam escolha a não ser a "tentativa de introduzir o comunismo por decreto administrativo, o que, na prática, significa que as relações sociais devem ser desmercantilizadas pela força".[27] Historicamente, essas tentativas tomaram formas como a militarização do trabalho, o desmoronamento da distinção entre Estado e sociedade e o terror

---

Fowkes. Harmondsworth: Penguin, 1986, p. 172 [Ed. bras.: *O capital*, v. 3 e v. 1, trad. Rubens Enderle. São Paulo: Boitempo Editorial, 2011 e 2017].
27. Stephen Louw, "In the shadow of the pharaohs: The militarization of labour debate and classical marxist theory". *Economy and Society*, n. 29, 2000, p. 240.

revolucionário.[28] Pode-se considerar que buscavam erradicar a pluralidade da condição humana. Com efeito, a superação das divisões de classe, o definhar do Estado e o florescimento de uma verdadeira vontade geral pressupõem uma visão da pluralidade humana como principal obstáculo para a eventual realização de um *telos* da História predeterminado. Em outras palavras, o sujeito da modernidade marxiano é, fundamentalmente, aquele que tenta provar sua soberania pela encenação de uma luta até a morte. Assim como ocorre com Hegel, a narrativa de dominação e emancipação está aqui claramente associada a uma narrativa sobre a verdade e a morte. Terror e morte tornam-se os meios de realizar o *telos* da história, que já é conhecido.

---

28. Sobre a militarização do trabalho e a transição para o comunismo, ver Nikolai Bukharin, *The Politics and Economics of the Transition Period*, trad. Oliver Field. Londres: Routledge & Kegan Paul, 1979; e Leon Trotsky, *Terrorismo e comunismo*, trad. Lívio Xavier. Rio de Janeiro: Saga, 1969. Sobre o colapso da distinção entre Estado e sociedade, ver Karl Marx, *A guerra civil na França*, trad. bras. Rubens Enderle. São Paulo: Boitempo Editorial, 2011; e Vladimir Ilitch Lenin, *Selected Works in Three Volumes*, v. 2. Moscou: Progress, 1977. Para uma crítica do "terror revolucionário", ver Maurice Merleau-Ponty, *Humanismo e terror*, trad. Naume Ladosky. Rio de Janeiro: Tempo Brasileiro, 1968. Para um exemplo mais recente de "terror revolucionário", ver Steve J. Stern (ed.). *Shining and Other Paths: War and Society in Peru, 1980-1995*. Durham: Duke University Press, 1998.

Qualquer relato histórico do surgimento do terror moderno precisa tratar da escravidão, que pode ser considerada uma das primeiras manifestações da experimentação biopolítica. Em muitos aspectos, a própria estrutura do sistema de *plantation* e suas consequências manifesta a figura emblemática e paradoxal do estado de exceção.[29] Aqui, essa figura é paradoxal por duas razões. Em primeiro lugar, no contexto da *plantation*, a humanidade do escravo aparece como uma sombra personificada. De fato, a condição de escravo resulta de uma tripla perda: perda de um "lar", perda de direitos sobre seu corpo e perda de estatuto político. Essa tripla perda equivale a uma dominação absoluta, uma alienação de nascença e uma morte social (que é expulsão fora da humanidade). Enquanto estrutura político-jurídica, a *plantation* é sem dúvida um espaço em que o escravo pertence ao senhor. Não é uma comunidade porque, por definição, a comunidade implica o exercício do poder de fala e de pensamento. Como diz Paul Gilroy,

---

29. Ver Saidiya V. Hartman, *Scenes of Subjection: Terror, Slavery, and Self-Making in Nineteenth-Century America*. Oxford: Oxford University Press, 1997; e Manuel Moreno Fraginals, *The Sugarmill: The Socioeconomic Complex of Sugar in Cuba, 1760-1860*. Nova York: Monthly Review Press, 1976.

Os padrões extremos de comunicação definidos pela instituição da escravidão da *plantation* ordenam que reconheçamos as ramificações antidiscursivas e extralinguísticas do poder em ação na formação dos atos de comunicação. Afinal de contas, não pode haver nenhuma reciprocidade na *plantation* fora das possibilidades de rebelião e suicídio, evasão e queixa silenciosa, e certamente não há qualquer unidade gramatical da fala suscetível de ligar-se à razão comunicativa. Em muitos aspectos, os habitantes da *plantation* vivem de modo assíncrono.[30]

Como instrumento de trabalho, o escravo tem um preço. Como propriedade, tem um valor. Seu trabalho responde a uma necessidade e é utilizado. O escravo, por conseguinte, é mantido vivo, mas em "estado de injúria", em um mundo espectral de horrores, crueldade e profanidade intensos. O curso violento da vida de escravo se manifesta pela disposição de seu capataz em se comportar de forma cruel e descontrolada ou no espetáculo de sofrimentos imposto ao corpo do escravo.[31] Violência, aqui, torna-se um

---

30. P. Gilroy, *O Atlântico negro* op. cit., p. 129.
31. Ver Frederick Douglass, *Narrative of the Life of Frederick Douglass, an American Slave*. Houston A. Baker (org.). Nova York: Penguin, 1986.

componente da etiqueta,[32] como dar chicotadas ou tirar a vida do escravo: um capricho ou um ato de pura destruição visando incutir o terror.[33] A vida do escravo, em muitos aspectos, é uma forma de morte-em-vida. Como sugere Susan Buck-Morss, a condição de escravo produz uma contradição entre a liberdade de propriedade e a liberdade da pessoa. Uma relação desigual é estabelecida ao mesmo tempo em que é afirmada a desigualdade do poder sobre a vida. Esse poder sobre a vida do outro assume a forma de comércio: a humanidade de uma pessoa é dissolvida até o ponto em que se torna possível dizer que a vida

---

32. O termo "etiqueta" é usado aqui para designar as ligações entre graça e controle sociais. De acordo com Norbert Elias ("The History of Manners". *The Civilizing Process* v. 1, trad. Edmund Jephcott. Nova York: Pantheon, 1978, cap. 2), os costumes encarnam o que é "considerado um comportamento socialmente aceitável", os "preceitos de conduta" e o quadro de "convívio".

33. "Quanto mais alto ela gritou, mais ele chicoteou; e onde o sangue correu mais rápido, aí ele chicoteou mais demoradamente, diz Douglass sobre as chicotadas em sua tia pelo sr. Plummer. Ele iria chicoteá-la para fazê-la gritar e chicoteá-la para ela ficar quieta; e somente pararia de brandir o couro coberto de sangue quando vencido pelo cansaço [...] Foi um espetáculo terrível". Frederick Douglass, *Narrative of the Life of Frederick Douglass* op. cit., p. 51. Sobre o assassinato aleatório de escravos, ver pp. 67-68.

do escravo é propriedade de seu senhor.[34] Dado que a vida do escravo é como uma "coisa", possuída por outra pessoa, sua existência é a figura perfeita de uma sombra personificada.

Apesar do terror e da reclusão simbólica do escravo, ele ou ela desenvolve pontos de vista diferentes sobre o tempo, o trabalho e sobre si mesmo. Esse é o segundo elemento paradoxal do mundo da *plantation* como manifestação do estado de exceção. Tratado como se não existisse, exceto como mera ferramenta e instrumento de produção, o escravo, apesar disso, é capaz de extrair de quase qualquer objeto, instrumento, linguagem ou gesto uma representação, e estilizá-la. Rompendo com sua condição de expatriado e com o puro mundo das coisas, do qual ele ou ela nada mais é do que um fragmento, o escravo é capaz de demonstrar as capacidades polimorfas das relações humanas por meio da música e do próprio corpo, que supostamente pertencia a um outro.[35]

Se as relações entre a vida e a morte, a política de crueldade e os símbolos do abuso tendem a se

---

34. Susan Buck-Morss, "Hegel and Haiti". *Critical*, n. 26, 2000, pp. 821-866 [Ed. bras.: *Hegel e o Haiti*, trad. Sebastião Nascimento. São Paulo: n-1 edições, 2017].

35. Roger D. Abrahams, *Singing the Master: The Emergence of African American Culture in the Plantation South*. Nova York: Pantheon, 1992.

embaralhar no sistema de *plantation*, é interessante notar que é nas colônias e sob o regime do apartheid que surge uma forma peculiar de terror.[36] A característica mais original dessa formação de terror é a concatenação entre o biopoder, o estado de exceção e o estado de sítio. A raça é, mais uma vez, crucial para esse encadeamento.[37] De fato, é sobretudo nesses casos que a seleção das raças, a proibição dos casamentos mistos,

---

36. No que se segue, estou consciente do fato de que formas coloniais de soberania sempre foram fragmentadas. Eram complexas, "menos preocupadas em legitimar sua própria presença e mais excessivamente violentas que suas formas europeias". De maneira significativa, "os Estados europeus nunca visaram governar territórios coloniais com a mesma uniformidade e intensidade como foi aplicada a suas próprias populações". A. Mbembe, "Sovereignty as a form of expenditure". In: T. B. Hansen e Finn Stepputat (orgs.), *Sovereign Bodies: Citizens, Migrants and States in the Postcolonial World*. Princeton: Princeton University Press, 2002, pp. 148-168.

37. Em *The Racial State* (Malden: Blackwell, 2002), David Theo Goldberg argumenta que, a partir do século XIX, existem pelo menos duas tradições historicamente concorrentes da racionalização racial: o naturalismo (com base na declaração de inferioridade) e o historicismo (baseado na reivindicação da "imaturidade" histórica – e, portanto, "educabilidade" – dos nativos). Em conversa privada (23 ago. 2002), o autor defende a ideia segundo a qual essas duas tradições haviam desaparecido, porém de forma diferente, ao entrar em contato com as questões de soberania, os Estados de exceção e as formas de necropoder. Na sua opinião, necropoder pode assumir várias formas: o terror da morte real ou uma forma mais "benevolente", cujo resultado é a destruição de uma cultura para "salvar o povo" de si mesmo.

a esterilização forçada e até mesmo o extermínio dos povos vencidos foram testados pela primeira vez no mundo colonial. Aqui vemos a primeira síntese entre massacre e burocracia, essa encarnação da racionalidade ocidental.[38] Segundo Arendt, existe uma ligação entre o nacional-socialismo e o imperialismo tradicional. A conquista colonial revelou um potencial de violência até então desconhecido. O que se testemunha na Segunda Guerra Mundial é a extensão dos métodos anteriormente reservados aos "selvagens" aos povos "civilizados" da Europa.

No fim, pouco importa que as tecnologias que culminaram no nazismo tenham sua origem na *plantation* ou na colônia, ou, pelo contrário – a tese foucaultiana –, que nazismo e stalinismo não tenham feito mais do que ampliar uma série de mecanismos que já existiam nas formações sociais e políticas da Europa ocidental (subjugação do corpo, regulamentações médicas, darwinismo social, eugenia, teorias médico-legais sobre hereditariedade, degeneração e raça). Um traço persiste evidente: no pensamento filosófico moderno assim como na prática e no imaginário político europeu, a colônia representa o lugar em que a soberania

---

38. H. Arendt, *Origens do totalitarismo* op. cit., pp. 267-313.

consiste fundamentalmente no exercício de um poder à margem da lei (*ab legibus solutus*) e no qual a "paz" tende a assumir o rosto de uma "guerra sem fim".

Esse ponto de vista corresponde à definição de soberania proposta por Carl Schmitt no início do século XX, nomeadamente, o poder de decidir sobre o estado de exceção. Para avaliar adequadamente a eficácia da colônia como formação de terror, precisamos tomar um desvio pelo próprio imaginário europeu, quando coloca a questão crucial da domesticação da guerra e da criação de uma ordem jurídica europeia (*Jus publicum europaeum*). Dois princípios-chave fundam essa ordem. O primeiro postulava a igualdade jurídica de todos os Estados. Essa igualdade se aplicava especialmente ao "direito de fazer a guerra" (de tomar a vida). O direito de fazer a guerra significava duas coisas. Por um lado, reconhecia-se que matar ou negociar a paz eram funções proeminentes de qualquer Estado. Isso ia de par com o reconhecimento de que nenhum Estado deveria exercer qualquer poder para além de suas fronteiras. Em troca, o Estado não reconheceria nenhuma autoridade superior à sua dentro de suas fronteiras. Por outro lado, o Estado se comprometeria a "civilizar" os modos de matar e atribuir objetivos racionais ao próprio ato de matar.

O segundo princípio está relacionado à territorialização do Estado soberano, ou seja, à determinação de suas fronteiras no contexto de uma ordem global recentemente imposta. Nesse contexto, o *Jus publicum* rapidamente assumiu a forma de uma distinção entre as regiões do mundo disponíveis para a apropriação colonial, de um lado, e, de outro, a Europa em si (onde o *Jus publicum* devia perenizar a dominação).[39] Essa distinção, como veremos, é crucial em termos de avaliação da eficácia da colônia como instauradora de terror. Sob o *Jus publicum*, uma guerra legítima é, em grande medida, uma guerra conduzida por um Estado contra outro ou, mais precisamente, uma guerra entre Estados "civilizados". A centralidade do Estado no cálculo da guerra deriva do fato de que o Estado é o modelo da unidade política, um princípio de organização racional, a personificação da ideia universal e um símbolo de moralidade.

No mesmo contexto, as colônias são semelhantes às fronteiras. Elas são habitadas por "selvagens". As colônias não são organizadas de forma estatal e não criaram um mundo humano. Seus exércitos não

---

39. Etienne Balibar, "Prolégomènes à la souveraineté: la frontière, l'Etat, le peuple". *Les Temps Modernes*, n. 610, nov. 2000, pp. 54-55.

formam uma entidade distinta, e suas guerras não são guerras entre exércitos regulares. Não implicam a mobilização de sujeitos soberanos (cidadãos) que se respeitam mutuamente, mesmo que inimigos. Não estabelecem distinção entre combatentes e não combatentes ou, novamente, "inimigo" e "criminoso".[40] Assim, é impossível firmar a paz com eles. Em suma, as colônias são zonas em que guerra e desordem, figuras internas e externas da política, ficam lado a lado ou se alternam. Como tal, as colônias são o local por excelência em que os controles e as garantias de ordem judicial podem ser suspensos – a zona em que a violência do estado de exceção supostamente opera a serviço da "civilização".

O fato de que as colônias podem ser governadas na ausência absoluta de lei provém da negação racial de qualquer vínculo comum entre o conquistador e o nativo. Aos olhos do conquistador, "vida selvagem" é apenas outra forma de "vida animal", uma experiência assustadora, algo radicalmente outro (alienígena), além da imaginação ou da compreensão. Na verdade,

---

40. Eugene Victor Walter, *Terror and Resistance: A Study of Political Violence with Case Studies of Some Primitive African Communities.* Oxford: Oxford University Press, 1969.

de acordo com Arendt, o que diferenciava os selvagens de outros seres humanos era menos a cor de suas peles do que o fato de que "se comportavam como parte da natureza, que a tratavam como senhor incontéste". Assim, a natureza continua a ser, com todo o seu esplendor, a única e todo-poderosa realidade. Comparados a ela, os selvagens pareciam fantasmas, ilusões. Os selvagens são, por assim dizer, seres humanos "naturais", que carecem do caráter específico humano, da realidade especificamente humana, de tal forma que, "quando os europeus os massacravam, de certa forma não tinham consciência de cometerem um crime".[41]

Por todas essas razões, o direito soberano de matar não está sujeito a qualquer regra nas colônias. Lá, o soberano pode matar a qualquer momento ou de qualquer maneira. A guerra colonial não está sujeita a normas legais e institucionais. Não é uma atividade codificada legalmente. Em vez disso, o terror colonial se entrelaça constantemente com um imaginário colonialista, caracterizado por terras selvagens, morte e ficções que criam o efeito de verdade.[42] A paz não

---

41. H. Arendt, *Origens do totalitarismo*, op. cit., p. 277.
42. Para uma interpretação potente desse processo, ver Michael Taussig, *Shamanism, Colonialism, and the Wild Man: A Study in Terror and*

constitui necessariamente a consequência natural de uma guerra colonial. De fato, a distinção entre guerra e paz não é pertinente. As guerras coloniais são concebidas como a expressão de uma hostilidade absoluta que coloca o conquistador face a um inimigo absoluto.[43] Todas as manifestações de guerra e hostilidade marginalizadas pelo imaginário legal europeu encontraram a ocasião para reemergir nas colônias. Aqui, a ficção de uma distinção entre os "fins da guerra" e os "meios de guerra" entra em colapso; assim como a ficção de que a guerra funciona como um enfrentamento submetido a regras, em oposição ao puro massacre sem risco ou justificativa instrumental. Torna-se inútil, portanto, tentar resolver um dos paradoxos intratáveis da guerra, bem capturado por Alexandre Kojève em sua reinterpretação de *A fenomenologia do espírito*, de Hegel: seu caráter simultaneamente idealista e aparentemente inumano.[44]

Healing. Chicago: University of Chicago Press, 1987.
43. Sobre o "inimigo", ver a edição especial *L'Ennemi* de *Raisons Politiques*, n. 5, 2002.
44. Alexandre Kojève, *Introduction à la lecture de Hegel*. Paris: Gallimard, 1980.

NECROPODER E OCUPAÇÃO COLONIAL NA MODERNIDADE TARDIA

Poderíamos pensar que as ideias desenvolvidas acima dizem respeito a um passado distante. No passado, com efeito, guerras imperiais tiveram como objetivo destruir os poderes locais, instalando tropas e instituindo novos modelos de controle militar sobre as populações civis. Um grupo de auxiliares locais podia participar da gestão dos territórios conquistados, anexados ao Império. Dentro do Império, as populações vencidas obtinham um estatuto que consagrava sua espoliação. Em configurações como essas, a violência constitui a forma original do direito, e a exceção proporciona a estrutura da soberania. Cada estágio do imperialismo também envolveu certas tecnologias-chave (canhoneira, quinino, linhas de barcos a vapor, cabos do telégrafo submarino e ferrovias coloniais).[45]

A "ocupação colonial" em si era uma questão de apreensão, demarcação e afirmação do controle físico e geográfico – inscrever sobre o terreno um novo conjunto de relações sociais e espaciais. Essa inscrição de

---

45. Ver Daniel R. Headrick, *The Tools of Empire: Technology and European Imperialism in the Nineteenth Century*. Nova York: Oxford University Press, 1981.

novas relações espaciais ("territorialização") foi, enfim, equivalente à produção de fronteiras e hierarquias, zonas e enclaves; a subversão dos regimes de propriedade existentes; a classificação das pessoas de acordo com diferentes categorias; extração de recursos; e, finalmente, a produção de uma ampla reserva de imaginários culturais. Esses imaginários deram sentido à instituição de direitos diferentes, para diferentes categorias de pessoas, para fins diferentes no interior de um mesmo espaço; em resumo, o exercício da soberania. O espaço era, portanto, a matéria-prima da soberania e da violência que ela carregava consigo. Soberania significa ocupação, e ocupação significa relegar o colonizado a uma terceira zona, entre o estatuto de sujeito e objeto.

Esse foi o caso do regime do apartheid na África do Sul. Aqui, o "distrito" constituía a forma estrutural e os bantustões (*homelands*) tornaram-se as reservas (bases rurais), por meio das quais o fluxo de mão de obra migrante poderia ser regulamentado e a urbanização africana, mantida sob controle.[46] Como Belinda Bozzoli demonstrou, o distrito era particularmente um lugar em

---

46. Sobre o bantustões, ver G. G. Maasdorp e A. S. B. Humphreys (orgs.), *From Shantytown to Township: An Economic Study of African Poverty and Rehousing in a South African City*. Cidade do Cabo: Juta, 1975.

que "opressão e pobreza severas foram experimentadas com base na raça e classe social".[47] Entidade sociopolítica, cultural e econômica, o distrito foi uma instituição espacial peculiar, cientificamente planejada para fins de controle.[48] O funcionamento dos bantustões e distritos implicou duras restrições à produção dos negros para o mercado de áreas brancas, a criminalização da residência negra em fazendas brancas (exceto como servos a serviço dos brancos), o controle do fluxo urbano e, mais tarde, a negação da cidadania aos africanos.[49]

Frantz Fanon descreve de maneira espantosa a espacialização da ocupação colonial. Para ele, a ocupação colonial implica, acima de tudo, uma divisão do espaço em compartimentos. Envolve a definição de limites e fronteiras internas, representadas por quartéis e delegacias de polícia; está regulada pela linguagem da força pura, presença imediata e ação direta e frequente; e

---

47. Belinda Bozzoli, "Why were the 1980s 'millenarian'? Style, repertoire, space and authority in South Africa's black cities". *Journal of Historical Sociology*, n. 13, 2000, p. 79.

48. Id., ib.

49. Ver Herman Giliomee (org.), *Up Against the Fences: Poverty, Passes and Privileges in South Africa*. Cidade do Cabo: David Philip, 1985; Francis Wilson, *Migrant Labour in South Africa*. Joanesburgo: Christian Institute of Southern Africa, 1972.

isso se baseia no princípio da exclusividade recíproca.[50] Todavia, o mais importante é o modo como o poder de morte opera:

> A cidade do colonizado [...] é um lugar de má fama, povoado por homens de má reputação. Lá eles nascem, pouco importa onde ou como; morrem lá, não importa onde ou como. É um mundo sem espaço; os homens vivem uns sobre os outros. A cidade do colonizado é uma cidade com fome, fome de pão, de carne, de sapatos, de carvão, de luz. A cidade do colonizado é uma vila agachada, uma cidade ajoelhada.[51]

Nesse caso, a soberania é a capacidade de definir quem importa e quem não importa, quem é "descartável" e quem não é.

A ocupação colonial tardia difere em muitos aspectos da primeira ocupação moderna, particularmente em sua combinação entre o disciplinar, a biopolítica e a necropolítica. A forma mais bem-sucedida de necropoder é a ocupação colonial contemporânea da Palestina.

---

50. Frantz Fanon, *The Wretched of the Earth*, trad. C. Farrington. Nova York: Grove Weidenfeld, 1991, p. 39.
51. Id. ibid., pp. 37-39.

Aqui, o Estado colonial tira sua pretensão fundamental de soberania e legitimidade da autoridade de seu próprio relato da história e da identidade. Essa narrativa é reforçada pela ideia de que o Estado tem o direito divino de existir; e entra em competição com outra narrativa pelo mesmo espaço sagrado. Como ambos os discursos são incompatíveis e suas populações estão entrelaçadas de modo inextricável, qualquer demarcação de território com base na identidade pura é quase impossível. Violência e soberania, nesse caso, reivindicam um fundamento divino: a qualidade do povo é forjada pela adoração de uma divindade mítica, e a identidade nacional é imaginada como identidade contra o Outro, contra outras divindades.[52] História, geografia, cartografia e arqueologia supostamente apoiam essas reivindicações, relacionando estreitamente identidade e topografia. Em consequência, a violência colonial e a ocupação se apóiam no terror sagrado da verdade e da exclusividade (expulsões em massa, reassentamento de pessoas "apátridas" em campos de refugiados, estabelecimento de novas colônias). Por trás do terror do sagrado, a exumação constante de ossadas desaparecidas; a permanente

---

52. Ver Regina M. Schwartz, *The Curse of Cain: The Violent Legacy of Monotheism*. Chicago: University of Chicago Press, 1997.

lembrança de um corpo rasgado em mil pedaços e irreconhecível; os limites, ou melhor, a impossibilidade de representação de um "crime absoluto", uma morte indizível: o terror do Holocausto.[53]

Para retornar à leitura espacial de Fanon da ocupação colonial, a ocupação da Faixa de Gaza apresenta três características principais ligadas ao funcionamento da formação específica do terror, que chamei de "necropoder"[54]. A primeira é a dinâmica da fragmentação territorial, o acesso proibido a certas zonas e a expansão dos assentamentos.

O objetivo desse processo é duplo: impossibilitar qualquer movimento e implementar a segregação à moda do Estado do apartheid. Assim, os territórios ocupados são divididos em uma rede complexa de fronteiras internas e várias células isoladas. De acordo com Eyal Weizman, ao se afastar de uma divisão plana do território e ao adotar o princípio da criação de limites tridimensionais no interior dele, a dispersão e

---

53. Ver Lydia Flem, *L'Art et la mémoire des camps: Représenter, exterminer*. Jean-Luc Nancy (ed.). Paris: Seuil, 2001.
54. NE: Os textos de Weizman referidos por Mbembe foram escritos antes que Israel retirasse seus soldados e assentamentos de dentro da Faixa de Gaza, em 2005. A lógica descrita, porém, continua inteiramente vigente no tocante à Cisjordânia.

a segmentação redefinem claramente a relação entre soberania e espaço.[55]

Para Weizman, essas ações constituem "a política da verticalidade". A forma resultante da soberania pode ser chamada de "soberania vertical". Sob um regime de soberania vertical, a ocupação colonial opera por uma rede de pontes e túneis, em uma separação entre o espaço aéreo e o terrestre. O próprio chão é dividido entre a superfície e o subsolo. A ocupação colonial também é ditada pela própria natureza do terreno e suas variações topográficas (colinas e vales, montanhas e cursos d'água). Assim, o terreno elevado oferece benefícios estratégicos não encontrados nos vales (eficácia da vista, autoproteção, fortificações panópticas que permitem orientar o olhar para múltiplas direções). Weizman diz: "Assentamentos poderiam ser vistos como dispositivos ópticos urbanos para a vigilância e o exercício do poder". No contexto da ocupação colonial contemporânea, a vigilância está orientada tanto para o interior quanto para o exterior, o olho atua como arma e vice-versa. De acordo com Weizman, em vez de criar

---

55. Ver Eyal Weizman, *The Politics of Verticality*. Disponível em <https://www.opendemocracy.net/ecology-politicsverticality/article_801.jsp>, acesso em: 16 fev. 2018.

uma divisão conclusiva entre as duas nações por meio de uma fronteira, "a peculiar organização do terreno que constitui a Faixa de Gaza criou múltiplas separações, limites provisórios que se relacionam mediante vigilância e controle". Nessas circunstâncias, a ocupação colonial não equivale apenas ao controle, à vigilância e à separação, mas também à reclusão. É uma "ocupação fragmentada", assemelhada ao urbanismo estilhaçado que é característico do mundo contemporâneo (enclaves periféricos e comunidades fechadas: *gated communities*).[56]

Do ponto de vista da infraestrutura, uma forma fragmentária da ocupação colonial se caracteriza por uma rede de estradas de rápida circulação, pontes e túneis que se entrecruzam na tentativa de manter o "princípio da exclusividade recíproca" de Fanon. De acordo com Weizman,

> as estradas de rotas alternativas tentam separar as redes viárias palestinas e israelenses, preferencialmente sem jamais permitir que elas se cruzem. Eles enfatizam,

---

56. Ver Stephen Graham e Simon Marvin, *Splintering Urbanism: Networked Infrastructures, Technological Mobility and the Urban Condition*. Londres: Routledge, 2001.

portanto, a sobreposição de duas geografias distintas que habitam a mesma paisagem. Em pontos em que se cruzam as redes, é criada uma separação improvisada. Na maioria das vezes, passagens de terra são escavadas para permitir que os palestinos cruzem sob as grandes autoestradas, nas quais vans e veículos militares israelenses correm entre diferentes colônias.[57]

Sob condições de soberania vertical e ocupação colonial fragmentada, comunidades são separadas segundo um eixo de ordenadas. Isso conduz a uma proliferação dos espaços de violência. Os campos de batalha não estão localizados exclusivamente na superfície da terra. Assim como o espaço aéreo, o subsolo também é transformado em zona de conflito. Não há continuidade entre a terra e o céu. Até mesmo os limites no espaço aéreo dividem-se entre as camadas inferiores e superiores. Em todo lugar, o simbolismo do topo (quem se encontra no topo) é reiterado. A ocupação dos céus adquire, portanto, uma importância crucial, já que a maior parte do policiamento é feito a partir do ar. Várias outras tecnologias são mobilizadas para esse efeito: sensores a bordo de veículos aéreos não

---

57. E. Weizman, *The Politics of Verticality*, op. cit.

tripulados (*unmanned air vehicles*), jatos de reconhecimento aéreo, prevenção usando aviões com sistema de alerta avançado (*Hawkeye planes*), helicópteros de assalto, um satélite de observação da Terra, técnicas de holografia. Matar se torna um assunto de alta precisão.

Tal precisão é combinada com as táticas de sítio medieval adaptada para a expansão da rede em campos de refugiados urbanos. Uma sabotagem orquestrada e sistemática da rede de infraestrutura social e urbana do inimigo complementa a apropriação dos recursos de terra, água e espaço aéreo. Um elemento crucial nessas técnicas de inabilitação do inimigo é a da terra arrasada (*bulldozer*): demolir casas e cidades; desenraizar as oliveiras; crivar de tiros tanques de água; bombardear e obstruir comunicações eletrônicas; escavar estradas; destruir transformadores de energia elétrica; arrasar pistas de aeroporto; desabilitar os transmissores de rádio e televisão; esmagar computadores; saquear símbolos culturais e político-burocráticos do Proto-Estado Palestino; saquear equipamentos médicos. Em outras palavras, levar a cabo uma "guerra infraestrutural".[58]

---

58. Ver Stephen Graham, "'Clean Territory': Urbicide in the West Bank". Disponível em: < https://www.opendemocracy.net/conflict-politicsverticality/article_241.jsp>, 16 fev. 2018.

Enquanto o helicóptero de combate Apache é usado para patrulhar o ar e matar a partir dos céus, o trator blindado *bulldozer* (Caterpillar D-9) é usado em terra como arma de guerra e intimidação. Em contraste com a ocupação colonial moderna, essas duas armas estabelecem a superioridade de instrumentos de alta tecnologia do terror da era contemporânea.[59]

Como ilustra o caso palestino, a ocupação colonial contemporânea é um encadeamento de vários poderes: disciplinar, biopolítico e necropolítico. A combinação dos três possibilita ao poder colonial a dominação absoluta sobre os habitantes do território ocupado. O "estado de sítio" em si é uma instituição militar. Ele permite uma modalidade de crime que não faz distinção entre o inimigo interno e o externo. Populações inteiras são o alvo do soberano. As vilas e cidades sitiadas são cercadas e isoladas do mundo. A vida cotidiana é militarizada. É outorgada liberdade aos comandantes militares locais para usar seus próprios critérios sobre quando e em quem atirar. O deslocamento entre

---

59. Compare com a panóplia de novas bombas jogadas pelos Estados Unidos durante a Guerra do Golfo e a guerra no Kosovo, em geral destinadas a fazer chover cristais de grafite para desativar estações de energia e redes de distribuição. Michael Ignatieff, *Virtual War*. Nova York: Metropolitan Books, 2000.

células territoriais requer autorizações formais. Instituições civis locais são sistematicamente destruídas. A população sitiada é privada de suas fontes de renda. Às execuções a céu aberto somam-se matanças invisíveis.

MÁQUINAS DE GUERRA E HETERONOMIA
Após ter examinado o funcionamento do necropoder no contexto da ocupação colonial contemporânea, gostaria de tratar agora das guerras contemporâneas. Tais guerras pertencem a um novo momento e dificilmente podem ser entendidas por meio de teorias anteriores de "violência contratual" ou tipologias como guerra "justa" e "injusta", ou mesmo o instrumentalismo de Carl von Clausewitz.[60] Segundo Zygmunt Bauman, guerras da era da globalização não incluem em seus objetivos conquista, aquisição e gerência de um território. Idealmente, são ataques-relâmpago.

O crescente abismo entre os meios de guerra de alta e baixa tecnologia nunca foi tão evidente como na Guerra do Golfo e na campanha de Kosovo. Em ambos os casos, a doutrina da "força esmagadora ou decisiva" (*overwhelming or decisive force*) foi totalmente

---

60. Ver Michael Walzer, *Just and Unjust Wars: A Moral Argument with Historical Illustrations*. Nova York: Basic Books, 1977.

implementada graças a uma revolução militar-tecnológica que multiplicou a capacidade de destruição de forma jamais vista.[61] A guerra aérea, ao relacionar altitude, artilharia, visibilidade e inteligência, é considerada aqui um bom exemplo. Durante a Guerra do Golfo, o uso combinado de bombas inteligentes e bombas revestidas com urânio empobrecido (DU), armas de alta tecnologia, sensores eletrônicos, mísseis guiados a laser, bombas de fragmentação e asfixiantes, tecnologias *stealth*, veículos aéreos não tripulados e ciberinteligência paralisavam rapidamente quaisquer capacidades do inimigo.

Em Kosovo, a "degradação" das capacidades sérvias tomou a forma de uma guerra infraestrutural que destruiu pontes, ferrovias, rodovias, redes de comunicação, armazéns e depósitos de petróleo, centrais termoelétricas, centrais elétricas e instalações de tratamento de água. Como se pode presumir, a execução de tal estratégia militar, especialmente quando combinada com a imposição de sanções, resulta na falência do sistema de sobrevivência do inimigo. Os danos persistentes à vida civil são particularmente eloquentes. Por exemplo,

---

61. Benjamin Ederington e Michael J. Mazarr (orgs.), *Turning Point: The Gulf War and U.S. Military Strategy*. Boulder: Westview, 1994.

a destruição do complexo petroquímico Pancevo, nos arredores de Belgrado, durante a campanha de Kosovo "deixou as proximidades tão contaminadas com cloreto de vinilo, amônia, mercúrio, nafta e dioxinas, que se recomendou o aborto às mulheres grávidas, da mesma forma que todas as mulheres locais foram aconselhadas a evitar a gravidez durante dois anos".[62]

As guerras da época da globalização, assim, visam forçar o inimigo à submissão, independentemente de consequências imediatas, efeitos secundários e "danos colaterais" das ações militares. Nesse sentido, as guerras contemporâneas são mais uma reminiscência das estratégias de guerra dos nômades do que das guerras territoriais de "conquista-anexação" das nações sedentárias da modernidade. Nas palavras de Bauman,

> Sua superioridade sobre a população sedentária se deve à velocidade de seu próprio movimento; sua capacidade

---

62. Thomas W. Smith, "The new law of war: legitimizing hi-tech and infrastructural violence". *International Studies Quarterly*, v. 46, n. 3, 2002, p. 367. Sobre o Iraque, ver Geoffrey Leslie Simons, *The Scourging of Iraq: Sanctions, Law and Natural Justice*. Nova York: St. Martin, 1998; ver também Ahmed Shehabaldin e William M. Laughlin Jr., "Economic sanctions against Iraq: human and economic costs". *International Journal of Human Rights*, 3, n. 4, 2000, pp. 1-18.

de descer do nada sem aviso prévio e desaparecer novamente sem aviso, sua capacidade de viajar facilmente e não se incomodar com pertences como os que limitam a mobilidade e o potencial de manobra dos povos sedentários.[63]

Esta nova era é o da mobilidade global. Uma de suas principais características é que as operações militares e o exercício do direito de matar já não constituem o monopólio exclusivo dos Estados, e o "exército regular" já não é o único meio de executar essas funções. A afirmação de uma autoridade suprema em um determinado espaço político não se dá facilmente. Em vez disso, emerge um mosaico de direitos de governar incompletos e sobrepostos, disfarçados e emaranhados, nos quais sobejam diferentes instâncias jurídicas *de facto*

---

63. Zygmunt Bauman, "Wars of the Globalization Era". *European Journal of Social Theory*, v. 4, n. 1, 2001, p. 15. "Afastados como estão de seus 'alvos', correndo daqueles que golpeiam rápido demais para testemunhar a devastação que causam e o sangue que derramam, os pilotos convertidos em computadores quase nunca têm a chance de olhar suas vítimas no rosto e avaliar a miséria humana que têm semeado." "Militares profissionais do nosso tempo não veem cadáveres nem ferimentos. Talvez, eles durmam bem; nenhuma pontada em suas consciências os manterá acordados" (p. 27). Ver também "Penser la guerre aujourd'hui". *Cahiers de la Villa Gillet*, n. 16, 2002, pp. 75-152.

geograficamente entrelaçadas, e nas quais abundam fidelidades plurais, suseranias assimétricas e enclaves.[64] Nessa organização heterônima de direitos territoriais e reivindicações, faz pouco sentido insistir na distinção entre os campos políticos "interno" e "externo", separados por limites claramente demarcados.

Tomemos o exemplo da África, onde a economia política do Estado mudou drasticamente ao longo do último quarto do século XX. Muitos Estados africanos já não podem reivindicar monopólio sobre a violência e sobre os meios de coerção dentro de seu território. Nem mesmo podem reivindicar monopólio sobre seus limites territoriais. A própria coerção tornou-se produto do mercado. A mão de obra militar é comprada e vendida num mercado em que a identidade dos fornecedores e compradores não significa quase nada. Milícias urbanas, exércitos privados, exércitos de senhores regionais, segurança privada e exércitos de Estado proclamam, todos, o direito de exercer violência ou matar. Estados vizinhos ou movimentos rebeldes arrendam exércitos a Estados pobres. Fornecedores de violência não governamental disponibilizam dois recursos

---

64. Achille Mbembe, "At the edge of the world: boundaries, territoriality, and sovereignty in Africa". *Public Culture*, n. 12, 2000, pp. 259-284.

coercitivos críticos: o trabalho e os minerais. Cada vez mais, a maioria dos exércitos é composta de soldados-cidadãos, crianças-soldados, mercenários e corsários.[65]

Junto aos exércitos, tem emergido o que, seguindo Deleuze e Guattari, poderíamos referir como "máquinas de guerra".[66] Essas máquinas são constituídas por segmentos de homens armados que se dividem ou se mesclam, dependendo da tarefa e das circunstâncias. Organizações difusas e polimorfas, as máquinas de guerra se caracterizam por sua capacidade de metamorfose. Sua relação com o espaço é móvel. Algumas vezes, desfrutam de relações complexas com formas estatais (da autonomia à incorporação). O Estado pode, por si mesmo, se transformar em uma máquina de guerra.

---

65. Em direito internacional, "corsários" (*privateers*) são definidos como "navios de propriedade privada que navegam sob uma comissão de guerra que capacita a pessoa a quem é concedido continuar todas as formas de hostilidade permitidas em alto-mar pelos usos da guerra". Uso o termo aqui para designar formações armadas que atuam independentemente de qualquer sociedade politicamente organizada, na busca de interesses privados, quer seja sob a máscara do Estado ou não. Cf. Janice Thomson, *Mercenaries, pirates, and sovereigns*. Princeton: Princeton University Press, 1997.

66. Gilles Deleuze e Felix Guattari, *Capitalisme et schizophrénie*. Paris: Editions de Minuit, 1980, pp. 434-527 [*Mil platôs: Capitalismo e esquizofrenia*, v. 5, trad. bras. Peter Pál Perbart e Janice Caiafa. São Paulo: Ed. 34, 1997, pp. 7-95].

Pode, ainda, se apropriar de uma máquina de guerra ou ajudar a criar uma. As máquinas de guerra funcionam por empréstimo aos exércitos regulares, enquanto incorporam novos elementos bem adaptados ao princípio de segmentação e desterritorialização. Tropas regulares, por sua vez, podem prontamente se apropriar de certas características de máquinas de guerra.

Uma máquina de guerra combina uma pluralidade de funções. Tem as características de uma organização política e de uma empresa comercial. Opera mediante capturas e depredações e pode até mesmo cunhar seu próprio dinheiro. Para bancar a extração e exportação de recursos naturais localizados no território que controlam, as máquinas de guerra forjam ligações diretas com redes transnacionais. Máquinas de guerra surgiram na África durante o último quarto do século XX em relação direta com a erosão da capacidade do Estado pós-colonial de construir os fundamentos econômicos da ordem e autoridade políticas. Essa capacidade envolve o aumento de receita, o comando e regulamentação do acesso aos recursos naturais dentro de um território bem definido. Em meados da década de 1970, com o desgaste das habilidades do Estado em manter essa capacidade, emerge uma linha claramente definida entre instabilidade monetária e fragmentação espacial.

Na década de 1980, a experiência brutal da desvalorização monetária se torna cada vez mais frequente, com ciclos de hiperinflação ocorrendo em vários países (o que incluiu até mesmo a substituição repentina de uma moeda). Durante as últimas décadas do século XX, a circulação monetária tem influenciado o Estado e a sociedade pelo menos de duas formas diferentes.

Primeiro, temos visto uma escassez geral de liquidez e sua concentração gradual em determinados canais, cujo acesso está submetido a condições cada vez mais draconianas. Como resultado, o número de indivíduos dotados de meios materiais para controlar dependentes por meio da criação de dívidas diminuiu abruptamente. Historicamente, capturar e fixar dependentes por meio de dívida tem sido sempre um aspecto central tanto da produção de pessoas como da constituição do vínculo político.[67] Tais obrigações foram cruciais para determinar o valor das pessoas e julgar seu valor e utilidade. Quando seu valor e utilidade não são demonstrados, podem ser destituídas como escravos, peões ou clientes.

---

67. Joseph C. Miller, *Way of Death: Merchant Capitalism and the Angolan Slave Trade, 1730-1830*. Madison: University of Wisconsin Press, 1988, especialmente cap. 2 e 4.

Segundo, o fluxo controlado e a demarcação dos movimentos de capital em regiões das quais se extraem recursos específicos tornaram possível a formação de "enclaves econômicos" e modificaram a antiga relação entre pessoas e coisas. A concentração de atividades relacionadas à extração de recursos valiosos em torno desses enclaves tem, por sua vez, convertido esses enclaves em espaços privilegiados de guerra e morte. A própria guerra é alimentada pelo crescimento das vendas dos produtos extraídos.[68] Consequentemente, novas relações surgem entre a guerra, as máquinas de guerra e a extração de recursos.[69] Máquinas de guerra estão implicadas na constituição de economias locais ou regionais altamente transnacionais. Na maioria dos lugares, o colapso das instituições políticas formais sob a pressão da violência tende a conduzir à formação de economias

---

68. Ver Jakkie Cilliers e Christian Dietrich (orgs.). *Angola's War Economy: The Role of Oil and Diamonds*. Pretória: Institute for Security Studies, 2000.
69. Ver, por exemplo, "Rapport du Groupe d'experts sur l'exploitation illégale des ressources naturelles et autres richesses de la République Démocratique du Congo", relatório da Organização das Nações Unidas n. 2/2001/357, submetido pela Secretaria Geral ao Conselho de Segurança, 12 abr. 2001. Ver também Richard Snyder, "Does lootable wealth breed disorder? States, regimes, and the political economy of extraction". Disponível em: <https://kellogg.nd.edu/publications/workin- gpapers/WPS/312.pdf>.

de milícia. Máquinas de guerra (nesse caso, milícias ou movimentos rebeldes) tornam-se rapidamente mecanismos predadores extremamente organizados, que taxam os territórios e as populações que os ocupam e se baseiam numa variedade de redes transnacionais e diásporas que os proveem com apoio material e financeiro.

Em correlação com a nova geografia de extração de recursos, assistimos ao surgimento de uma forma governamental sem precedentes, que consiste na "gestão das multitudes". A extração e o saque dos recursos naturais pelas máquinas de guerra caminham de mãos dadas com tentativas brutais para imobilizar e fixar espacialmente categorias inteiras de pessoas ou, paradoxalmente, para soltá-las, forçando-as a se disseminar por grandes áreas que excedem as fronteiras de um Estado territorial. Enquanto categoria política, as populações são então decompostas entre rebeldes, crianças-soldados, vítimas ou refugiados, civis incapacitados por mutilação ou simplesmente massacrados ao modo dos sacrifícios antigos; enquanto os "sobreviventes", depois de um êxodo terrível, são confinados a campos e zonas de exceção.[70]

---

70. Ver Loren B. Landau, "The humanitarian hangover: Transnationalization of governmental practice in Tanzania's refugee-populated areas". *Refugee Survey Quarterly*, 21, n. 1, 2002, pp. 260-299, pp. 281-287, especialmente.

Essa forma de governabilidade difere do comando (*commandement*)[71] colonial. As técnicas de policiamento e disciplina, além da escolha entre obediência e simulação que caracterizou o potentado colonial e pós-colonial, estão gradualmente sendo substituídas por uma alternativa mais trágica, dado o seu extremismo. Tecnologias de destruição tornaram-se mais táteis, mais anatômicas e sensoriais, dentro de um contexto no qual a escolha se dá entre a vida e a morte.[72] Se o poder ainda depende de um controle estreito sobre os corpos (ou de sua concentração em campos), as novas tecnologias de destruição estão menos preocupadas com a inscrição de corpos em aparatos disciplinares do que em inscrevê-los, no momento oportuno, na ordem da economia máxima, agora representada pelo "massacre". Por sua vez, a generalização da insegurança aprofundou a distinção social entre aqueles que têm armas e os que não têm ("lei de distribuição de armas"). Cada vez mais, a guerra não ocorre entre exércitos de dois Estados soberanos. Ela é

---

71. Sobre *commandement*, ver Achille Mbembe, *On the Postcolony*. Berkeley: University of California Press, 2001, cap. 1-3.
72. Ver Leisel Talley, Paul B. Spiegel e Mona Girgis. "An investigation of increasing mortality among Congolese refugees in Lugufu Camp, Tanzania, May-June 1999". *Journal of Refugee Studies*, 14, n. 4, 2001, pp. 412-427.

travada por grupos armados que agem por trás da máscara do Estado contra os grupos armados que não têm Estado, mas que controlam territórios bastante distintos; ambos os lados têm como seus principais alvos as populações civis desarmadas ou organizadas como milícias. Em casos nos quais dissidentes armados não tomaram completamente o poder do Estado, eles produzem partições territoriais, alcançando o controle sobre regiões inteiras pelo modelo feudal, especialmente onde existem depósitos minerais.[73]

As maneiras de matar não variam muito. No caso particular dos massacres, corpos sem vida são rapidamente reduzidos à condição de simples esqueletos. Sua morfologia doravante os inscreve no registo de generalidade indiferenciada: simples relíquias de uma dor inexaurível, corporeidades vazias, sem sentido, formas estranhas mergulhadas em estupor. No caso do genocídio de Ruanda – em que um grande número de esqueletos foi preservado em estado visível, quando não exumados –, o surpreendente é a tensão entre a

---

73. Ver Tony Hodges, *Angola: From Afro-Stalinism to Petro-Diamond Capitalism*. Oxford: James Currey, 2001, cap. 7; Stephen Ellis, *The Mask of Anarchy: The Destruction of Liberia and the Religious Dimension of an African Civil War*. Londres: Hurst & Company, 1999.

petrificação dos ossos, sua frieza (*coolness*) estranha, por um lado, e por outro lado seu desejo persistente de produzir sentido, de significar algo.

Nesses pedaços de ossada impassíveis, não parece haver nenhum vestígio de "ataraxia": nada mais que a rejeição ilusória de uma morte que já ocorreu. Em outros casos, em que a amputação física substitui a morte imediata, cortar os membros abre caminho para a implantação das técnicas de incisão, ablação e excisão que também têm os ossos como seu alvo. Os vestígios dessa cirurgia demiúrgica persistem por um longo tempo, sob a forma de configurações humanas vivas, mas cuja integridade física foi substituída por pedaços, fragmentos, dobras, até mesmo imensas feridas difíceis de fechar. Sua função é manter diante dos olhos da vítima – e das pessoas a seu redor – o espetáculo mórbido do ocorrido.

DE GESTO E DO METAL
Voltemos ao exemplo da Palestina, onde duas lógicas aparentemente irreconciliáveis se confrontam: a "lógica do martírio" e a "lógica da sobrevivência". Ao analisar essas duas lógicas, gostaria de lançar luz sobre os dois problemas gêmeos da morte e terror por um lado, do terror e da liberdade por outro.

No confronto entre essas duas lógicas, o terror não se encontra de um lado, e a morte de outro. Terror e morte estão no coração de cada um. Como Elias Canetti nos lembra, o sobrevivente é aquele que, tendo percorrido o caminho da morte, sabendo dos extermínios e permanecendo entre os que caíram, ainda está vivo. Ou, mais precisamente, o sobrevivente é aquele que, após lutar contra muitos inimigos, conseguiu não só escapar com vida, como também matar seus agressores. Por isso, em grande medida, o grau mais baixo da sobrevivência é matar. Canetti assinala que na lógica da sobrevivência "cada homem é inimigo de todos os outros". Mais radicalmente, o horror experimentado sob a visão da morte se transforma em satisfação quando ela ocorre com o outro. É a morte do outro, sua presença física como um cadáver, que faz o sobrevivente se sentir único. E cada inimigo morto faz aumentar o sentimento de segurança do sobrevivente.[74]

A lógica do mártir procede por vias diferentes. Ela é caracterizada pela figura do "homem-bomba", que já em si gera uma série de questões. Qual a diferença fundamental entre matar usando um helicóptero de

---

74. Ver Elias Canetti, *Massa e poder*, trad. bras. Sério Tellaroli. São Paulo: Companhia das Letras, 1995, pp. 227-280.

mísseis, um tanque ou o próprio corpo? A distinção entre as armas utilizadas para aplicar a morte impede o estabelecimento de um sistema de equivalência geral entre o modo de matar e o modo de morrer?

O "homem-bomba" não veste nenhum uniforme de soldado e não exibe nenhuma arma. O candidato a mártir persegue seus alvos; o inimigo é uma presa para quem ele arma uma armadilha. A esse respeito é significativo o local em que a emboscada é colocada: o ponto de ônibus, a cafeteria, a discoteca, o mercado, a guarita, a rua – em suma, os espaços da vida cotidiana.

A captura do corpo se soma ao local da emboscada. O candidato a mártir transforma seu corpo em máscara que esconde a arma que logo será detonada. Ao contrário do tanque ou míssil, que é claramente visível, a arma contida na forma do corpo é invisível. Assim, dissimulada, faz parte do corpo. Está tão intimamente ligada ao corpo que, no momento da detonação, aniquila seu portador e leva consigo outros corpos, quando não os reduz a pedaços. O corpo não esconde apenas uma arma. Ele é transformado em arma, não em sentido metafórico, mas no sentido verdadeiramente balístico.

Nesse caso, minha morte anda de mãos dadas com a morte do outro. Homicídio e suicídio são realizados no mesmo ato. E em larga medida, resistência e autodestruição são sinônimos. Matar é, portanto, reduzir o outro e a si mesmo ao estatuto de pedaços de carne inertes, dispersos e reunidos com dificuldade antes do enterro. Nesse caso, trata-se de uma guerra corpo a corpo. Matar requer a aproximação extrema com o corpo do inimigo. Para detonar a bomba, é preciso resolver a questão da distância, por meio do trabalho de proximidade e dissimulação.

Como interpretar essa forma de derramar sangue, na qual a morte não é simplesmente "a minha própria", mas algo que vem acompanhado da morte do outro?[75] Em que difere da morte infligida por um tanque ou um míssil, num contexto em que o custo de minha sobrevivência é calculado em termos de minha capacidade e disponibilidade para matar alguém? Na lógica do "mártir", a vontade de morrer se funde com a vontade de levar o inimigo consigo, ou seja, eliminar a possibilidade de vida para todos. Essa lógica aparentemente contraria a outra, que consiste em querer impor a morte aos demais, preservando a própria vida. Canetti descreve esse momento de sobrevivência como um

---

75. Martin Heidegger, *Être et temps*. Paris: Gallimard, 1986, pp. 289-322 [Ed. bras.: *Ser e tempo*, trad. Márcia de Sá Cavalcante Schuback. Petrópolis: Vozes, 2006].

momento de poder. Nesse caso, o triunfo deriva precisamente da possibilidade de estar lá quando os outros (nesse caso o inimigo) não estão mais. Tal é a lógica do heroísmo entendida classicamente: executar os demais, mantendo a própria morte à distância.

Na lógica do mártir, emerge uma nova semiose do assassinato. Ela não se baseia necessariamente numa relação entre forma e matéria. Como já indiquei, nesse caso o corpo se torna o uniforme do mártir. Mas o corpo como tal não é apenas um objeto de proteção contra o perigo e a morte. O corpo em si não tem poder nem valor. O poder e o valor do corpo resultam de um processo de abstração com base no desejo de eternidade. Nesse sentido, o mártir, tendo estabelecido um momento de supremacia em que o sujeito triunfa sobre sua própria mortalidade, pode se perceber como tendo trabalhado sob o signo do futuro. Em outras palavras: na morte, o futuro é colapsado no presente.

Em seu desejo de eternidade, o corpo sitiado passa por duas fases. Primeiro, ele é transformado em mera coisa, matéria maleável. Depois, a maneira como é conduzido à morte – suicídio – lhe proporciona seu significado final. A matéria que constitui o corpo é investida de propriedades que não podem ser deduzidas a partir de seu caráter de coisa, mas sim de um *nomos* transcendental, fora dele. O corpo sitiado se converte em uma peça de metal cuja função é, pelo sacrifício, trazer a vida eterna ao ser. O corpo se duplica e, na morte, literal e metaforicamente escapa do estado de sítio e ocupação.

Como conclusão, explorarei a relação entre terror, liberdade e sacrifício. Martin Heidegger defende que o "ser para a morte" é a condição decisiva de toda liberdade humana verdadeira.[76] Em outras palavras, se é livre para viver a própria vida somente quando se é livre para morrer a própria morte. Enquanto Heidegger dá um estatuto existencial ao "ser para a morte" e o considera uma manifestação de liberdade, Bataille sugere que "o sacrifício na realidade não revela nada". Não é simplesmente a manifestação absoluta da negatividade. Também é uma comédia. Para Bataille, a morte revela o lado animal do ser humano, ao qual ele ainda se refere como o "ser natural" do sujeito.

"Para sua autorrevelação final, é preciso morrer, mas ele terá que fazê-lo enquanto vivo – olhando a si mesmo ao deixar de existir", acrescenta. Em outras palavras, o ser humano tem de estar plenamente vivo no momento de morrer, estar ciente de sua morte, para

---

76. Id., ibid.

viver com o sentimento de estar morrendo. A própria morte deve se tornar a consciência de si mesmo no momento em que oblitera o ser consciente.

> Em certo sentido, isso é o que acontece (o que pelo menos está a ponto de acontecer, ou o que ocorre de forma ilusória, fugaz) por meio de um subterfúgio no sacrifício. Nessa situação, o ser se identifica com o animal à beira da morte. Assim, ele morre, vendo-se morrer e ainda, em algum sentido, por meio de sua própria vontade, em harmonia com a arma de sacrifício. Mas é uma comédia!

E para Bataille, a comédia é mais ou menos o meio pelo qual o sujeito humano "voluntariamente engana a si próprio".[77]

De que forma as noções de jogo e trapaça se relacionam ao "homem-bomba"? Não há dúvidas de que, nesse caso, o sacrifício consiste na espetacular submissão de si à morte, no devir sua própria vítima (sacrifício de si). O "autossacrificado" procede a fim de tomar posse de sua própria morte e de encará-la firmemente.

---

77. Georges Bataille, "Année 1955 – Hegel, la mort et le sacrifice". *Oeuvres Complètes*, v. 12. Paris: Gallimard, 1988, p. 336.

Esse poder pode derivar da convicção de que a destruição do próprio corpo não afeta a continuidade do ser. O ser é pensado como existindo fora de nós. O autossacrifício equivale à remoção de uma proibição dupla: da autoimolação (suicídio) e do assassinato. Todavia, diferentemente dos sacrifícios primitivos, não há nenhum animal para servir como um substituto da vítima. A morte atinge aqui o caráter de transgressão. Ao contrário da crucificação, não tem nenhuma dimensão expiatória. Não se relaciona com os paradigmas hegelianos de prestígio ou reconhecimento. Com efeito, uma pessoa morta não pode reconhecer o assassino, que também está morto. Isso implica que a morte se manifesta aqui como pura aniquilação, insignificância, excesso e escândalo?

Se observarmos a partir da perspectiva da escravidão ou da ocupação colonial, morte e liberdade estão irrevogavelmente entrelaçadas. Como já vimos, o terror é uma característica que define tanto os Estados escravistas quanto os regimes coloniais contemporâneos. Ambos os regimes são também instâncias e experiências específicas de ausência de liberdade. Viver sob a ocupação contemporânea é experimentar uma condição permanente de "viver na dor": estruturas fortificadas, postos militares e bloqueios de estradas em todo lugar; construções que trazem à tona memórias dolorosas de humilhação, interrogatórios e espancamentos; toques de recolher que aprisionam centenas de milhares de pessoas em suas casas apertadas todas as noites do anoitecer ao amanhecer; soldados patrulhando as ruas escuras, assustados pelas próprias sombras; crianças cegadas por balas de borracha; pais humilhados e espancados na frente de suas famílias; soldados urinando nas cercas, atirando nos tanques de água dos telhados só por diversão, repetindo slogans ofensivos, batendo nas portas frágeis de lata para assustar as crianças, confiscando papéis ou despejando lixo no meio de um bairro residencial; guardas de fronteira chutando uma banca de legumes ou fechando fronteiras sem motivo algum; ossos quebrados; tiroteios e fatalidades – um certo tipo de loucura.[78]

Em tais circunstâncias, o rigor da vida e as provações (julgamento por morte) são marcados pelo excesso. O que liga o terror, a morte e a liberdade é uma noção "extática" da temporalidade e da política. O futuro, aqui, pode ser autenticamente antecipado, mas não no presente. O presente em si é apenas um

---

78. Sobre o que antecede, ver Amira Hass, *Drinking the Sea at Gaza: Days and Nights in a Land under Siege*. Nova York: Henry Holt, 1996.

momento de visão – visão da liberdade que ainda não chegou. A morte no presente é mediadora da redenção. Longe de ser um encontro com um limite ou barreira, ela é experimentada como "uma libertação do terror e da servidão".[79] Como observa Gilroy, essa preferência pela morte diante da servidão contínua é um comentário sobre a natureza da liberdade em si (ou sua falta). Se essa falta é a própria natureza do que significa para o escravo ou o colonizado o fato de existir, essa mesma falta é também precisamente o modo pelo qual ele ou ela leva em conta sua própria mortalidade. Referindo-se à prática de suicídio em massa ou individual por escravos encurralados pelos caçadores de escravos, Gilroy sugere que a morte, nesse caso, pode ser representada como um ato deliberado, já que a morte é precisamente aquilo pelo que e sobre o que tenho poder. Mas também é esse espaço em que a liberdade e a negação operam.

---

79. P. Gilroy, *O Atlântico negro*, op. cit., p. 140.

CONCLUSÃO

Neste ensaio, propus que as formas contemporâneas que subjugam a vida ao poder da morte (necropolítica) reconfiguram profundamente as relações entre resistência, sacrifício e terror. Tentei demonstrar que a noção de biopoder é insuficiente para dar conta das formas contemporâneas de submissão da vida ao poder da morte. Além disso, propus a noção de necropolítica e de necropoder para dar conta das várias maneiras pelas quais, em nosso mundo contemporâneo, as armas de fogo são dispostas com o objetivo de provocar a destruição máxima de pessoas e criar "mundos de morte", formas únicas e novas de existência social, nas quais vastas populações são submetidas a condições de vida que lhes conferem o estatuto de "mortos-vivos". Sublinhei igualmente algumas das topografias recalcadas de crueldade (plantation e colônia, em particular) e sugeri que o necropoder embaralha as fronteiras entre resistência e suicídio, sacrifício e redenção, mártir e liberdade.

Este ensaio é o resultado de conversas com Arjun Appadurai, Carol Breckenridge e Françoise Vergès. Trechos foram apresentados em seminários e workshops em Evanston, Chicago, Nova York, New Haven e Joanesburgo. Críticas úteis foram fornecidas por Paul Gilroy, Dilip Yan Gaonkar, Beth Povinelli, Ben Lee, Charles Taylor, Crawford Young, Abdoumaliq Simone, Luc Sindjoun, Souleymane Bachir Diagne, Carlos Forment, Ato Quayson, Ulrike Kistner, David Theo Goldberg e Deborah Posel. Comentários adicionais e ideias, bem como apoio crítico e incentivo foram oferecidos por Rehana Ebr-Vally e Sarah Nuttall.

O ensaio é dedicado a meu amigo falecido Tshikala Kayembe Biaya.

Achille Mbembe

SOBRE O AUTOR

Achille Mbembe é considerado um dos mais agudos pensadores da atualidade. Leitor de Fanon e Foucault, com notável erudição histórica, filosófica e literária, vira do avesso os consensos sobre a escravidão, a descolonização e a negritude. É um dos poucos teóricos que consegue pensar o contexto mundial contemporâneo a partir da provincialização da Europa.

Nascido nos Camarões, é professor de História e Ciencias Políticas na Universidade de Witwatersrand, em Joanesburgo, bem como na Duke University, nos Estados Unidos. É autor, entre outros, de *Crítica da razão negra*, *De la postcolonie*, *Sortir de la grande nuit* e *Politiques de l'inimitié*.

**Dados Internacionais de Catalogação na Publicação (CIP)
de acordo com ISBD**

M479n   Mbembe, Achille

    Necropolítica: biopoder, soberania, estado de exceção, política da morte / Achille Mbembe ; traduzido por Renata Santini. - São Paulo : n-1 edições, 2018.
    80 p. ; 12cm x 17cm.

    Tradução de: Necropolitics
    ISBN: 978-85-6694-350-4

    1. Ciências políticas. 2. Filosofia. 3. Antropologia. 4. Soberania. I. Santini, Renata. II. Título.

2018-186	CDD 320 CDU 32

Elaborado por Odilio Hilario Moreira Junior - CRB-8/9949

Índice para catálogo sistemático
1. Ciência política 320
2. Ciência política 32

n-1

O livro como imagem do mundo é de toda
maneira uma ideia insípida. Na verdade não
basta dizer Viva o múltiplo, grito de resto difícil
de emitir. Nenhuma habilidade tipográfica,
lexical ou mesmo sintática será suficiente para
fazê-lo ouvir. É preciso fazer o múltiplo, não
acrescentando sempre uma dimensão
superior, mas, ao contrário, da maneira mais
simples, com força de sobriedade, no nível das
dimensões de que se dispõe, sempre n-1
(é somente assim que o uno faz parte do
múltiplo, estando sempre subtraído dele).
Subtrair o único da multiplicidade a ser
constituída; escrever a n-1.

Gilles Deleuze e Félix Guattari

n-1edicoes.org